Comportamiento y modales en la cafetería

¡Así debemos ser!
Way to Be!

Manners in the Lunchroom

por/by **Amanda Doering Tourville**   ilustrado por/illustrated by **Chris Lensch**

Nuestro agradecimiento especial a nuestros asesores por su experiencia/
Special thanks to our advisers for their expertise:

Kay A. Augustine, Ed.S.
Consultora y Entrenadora de Desarrollo del Carácter/
National Character Development Consultant and Trainer
West Des Moines, Iowa

Terry Flaherty, PhD, Profesor de inglés/Professor of English
Universidad Estatal de Minnesota, Mankato/Minnesota State University, Mankato

PICTURE WINDOW BOOKS
a capstone imprint

Editor: Shelly Lyons
Translation Services: Strictly Spanish
Designer: Eric Manske
Production Specialist: Sarah Bennett
Art Director: Nathan Gassman
Editorial Director: Nick Healy
The illustrations in this book were created digitally.

Picture Window Books
A Capstone Imprint
1710 Roe Crest Drive
North Mankato, MN 56003
877-845-8392
www.capstonepub.com

All books published by Picture Window Books
are manufactured with paper containing at least
10 percent post-consumer waste.

Library of Congress Cataloging-in-Publication Data
Tourville, Amanda Doering, 1980–
[Manners in the lunchroom. Spanish & English]
Comportamiento y modales en la cafetería / por Amanda Doering Tourville ;
ilustrado por Chris Lensch = Manners in the lunchroom / by Amanda Doering
Tourville ; illustrated by Chris Lensch.
p. cm.—(¡Así debemos ser! = Way to be!)
Includes index.
ISBN 978-1-4048-6695-9 (library binding)
1. Table etiquette—Juvenile literature. 2. School lunchrooms, cafeterias,
etc.—Juvenile literature. I. Lensch, Chris. II. Title: Manners in the lunchroom.
BJ2041.T6818 2011
395.5'4—dc22   2010041031

Printed in the United States of America in North Mankato, Minnesota.
102014   008460R

It's time for lunch!
Using good manners in the lunchroom makes lunchtime comfortable for everyone. Good manners help make eating lunch more fun.

There are lots of ways you can use good manners in the lunchroom.

¡Es hora del almuerzo!
Comportarse bien y tener buenos modales en la cafetería hacen agradable la hora del almuerzo para todos. Comportarse bien y tener buenos modales ayudan a que el almuerzo sea mucho más divertido.

Hay muchas maneras de comportarse bien y tener buenos modales en la cafetería.

3

Mr. Coleman's class heads to the lunchroom to eat. Leah and Carlos wait patiently in line.
Leah and Carlos are using good manners.

La clase del Señor Coleman va a la cafetería a almorzar. Leah y Carlos esperan pacientemente en fila.
Leah y Carlos se comportan bien.

"May I please have some corn?" Alex asks the lunch server. He thanks her when she puts the corn on his tray.
He is using good manners.

"¿Me puede servir maíz por favor?" pregunta Alex a la señora que sirve el almuerzo. Él le agradece a la señora cuando ella pone maíz en su bandeja.
Él tiene buenos modales.

"May I sit here?" a new girl asks Heather.
"Sure," says Heather. She moves over to
make room.
Heather is using good manners.

"¿Me puedo sentar aquí?" pregunta la niña
nueva a Heather. "Seguro", dice Heather.
Ella se mueve para dejar espacio.
Heather tiene buenos modales.

Justin and his friends talk quietly at the table. They never shout or yell.
They are using good manners.

Justin y sus amigos hablan en voz baja en la mesa. Ellos nunca gritan ni chillan.
Ellos tienen buenos modales.

Morgan takes a bite of her apple. She chews with her mouth closed. She waits to talk until she is finished chewing.
She is using good manners.

Morgan da un mordisco a su manzana. Ella mastica con su boca cerrada. Ella espera para hablar hasta que termina de masticar.
Ella tiene buenos modales.

Dalton needs help opening his thermos. He raises his
hand and waits patiently until the lunch monitor comes.

He is using good manners.

Dalton necesita ayuda para abrir su botella térmica.
Él levanta la mano y espera pacientemente hasta
que venga el monitor de la cafetería.

Él tiene buenos modales.

Lucy accidentally spills her milk. Her friends

help her clean up the mess.

They are using good manners.

Lucy accidentalmente derrama su leche. Sus

amigas la ayudan a limpiar lo que derramó.

Ellas se comportan bien.

Nick uses a fork and spoon to eat

his food. He doesn't use his fingers.

He is using good manners.

Nick usa un tenedor y una cuchara para

comer su almuerzo. Él no usa sus dedos.

Él tiene buenos modales.

Timothy and Sasha pick up after themselves.
They scrape their trays clean. They put their
milk cartons in the recycling bin.
They are using good manners.

Timothy y Sasha recogen lo que usaron. Ellos

raspan las bandejas para limpiarlas. Ellos ponen

las cajas de leche en el cesto de reciclables.

Ellos se comportan bien.

21

It is important to use good manners in the lunchroom. Using good manners shows respect to other students and the school staff. Good manners make it possible for everyone to enjoy lunch.

Es importante comportarse bien y tener buenos modales en la cafetería. Comportarse bien y tener buenos modales son una muestra de respeto a otros estudiantes y al personal de la escuela. Éstas son actitudes que permiten que todos disfruten el almuerzo.

Fun Facts/ Datos divertidos

In Spain, many kids go home for lunch instead of eating at school.

En España, muchos niños van a almorzar a sus casas en vez de comer en la escuela.

In France, the school lunch break is two hours long.

En Francia, el receso para almorzar dura dos horas.

In Japan, many kids eat box lunches called *bento*. The boxes often contain foods such as rice, meat, and vegetables.

En Japón, muchos niños comen almuerzos en cajas llamados *bento*. Las cajas a menudo contienen arroz, carne y verduras.

Internet Sites

FactHound offers a safe, fun way to find Internet sites related to this book. All of the sites on FactHound have been researched by our staff.

Here's all you do:

Visit www.facthound.com

Type in this code: 9781404866959

Super-cool stuff! Check out projects, games and lots more at
www.capstonekids.com

Index

Sitios de Internet

FactHound brinda una forma segura y divertida de encontrar sitios de Internet relacionados con este libro. Todos los sitios en FactHound han sido investigados por nuestro personal.

Esto es todo lo que tienes que hacer:

Visita www.facthound.com

Ingresa este código: 9781404866959

¡Algo súper divertido! Hay proyectos, juegos y mucho más en
www.capstonekids.com

Índice

24